LA BATALLA DE POITIERS

Carlos Martel, el nacimiento de una figura heroica

Por Aude Cirier
Traducido por Laura Soler Pinson

Historia en50MINUTOS.es

LA BATALLA DE POITIERS

DATOS CLAVE

- **¿Cuándo?** El 25 de octubre de 732.
- **¿Dónde?** En Moussais (llamada más adelante Moussais-la-Bataille), municipio de Vouneuil-sur-Vienne, situado entre Poitiers y Châtellerault (Francia).
- **¿Contexto?** La expansión musulmana en Occidente y la guerra de poder en zona franca.
- **¿Beligerantes?** El Reino franco y el ducado de Aquitania contra el califato omeya de Damasco.
- **¿Principales protagonistas?**
  - Carlos, apodado más tarde Carlos Martel, príncipe de los francos (c. 684-741).
  - Eudes de Aquitania, duque de Aquitania (mediados del siglo VII-735).
  - Abderramán al Gafiqi, gobernador de Córdoba (muerto en 732).
- **¿Resultado?** Victoria franca.
- **¿Víctimas?**
  - Bando de los francos y de los aquitanos: cerca de 1000 víctimas.
  - Bando de los Omeya: cerca de 12 000 víctimas.

INTRODUCCIÓN

El 25 de octubre de 732, esta batalla, que se conoce con el nombre de «batalla de Poitiers» —y menos frecuentemente como «batalla de Tours»—, enfrenta a unos kilómetros de la capital de Poitou a los francos, liderados por el mayordomo de palacio austrasio, Carlos (el futuro Carlos Martel), que vienen a socorrer al duque Eudes de Aquitania, contra las tropas árabo-bereberes, guiadas por el gobernador de Córdoba, Abderramán al Gafiqi.

Aunque por falta de fuentes precisas resulte imposible a día de hoy afirmar con exactitud dónde y cuándo tuvo lugar la batalla, y qué fuerzas estaban presentes, durante mucho tiempo se consideró que la victoria de los francos había supuesto un freno definitivo a la expansión musulmana por Occidente. Sin embargo, en este punto cabe precisar que, en realidad, la batalla de Poitiers debe interpretarse más como una respuesta defensiva a una incursión orquestada por las tropas árabes, que tenía por objetivo el santuario de San Martín de Tours, que como un auténtico freno que se pone al intento de conquistar Galia de los Omeya (dinastía de califas que reina entre 660 y 750 desde Damasco, sobre un imperio que se extiende por toda la cuenca del Mediterráneo).

CONTEXTO POLÍTICO Y SOCIAL

En primer lugar, conviene fijar un marco inherente al tema: al contrario de lo que ocurre con los conflictos más recientes, las fuentes que tratan la batalla de Poitiers son relativamente escasas. Aquí, la arqueología no sirve de ninguna ayuda y las fuentes literarias deben someterse a un profundo análisis para evitar caer en el error de tomar por ciertas informaciones que nos llegan a través de cronistas a menudo parciales. Además, las fuentes contemporáneas o inmediatamente posteriores al acontecimiento proporcionan pocos detalles sobre el tema. Algunas crónicas latinas, que no tienen especial interés en este tema —como la de Beda el Venerable (benedictino anglosajón y doctor de la Iglesia, 672-735), *Historia eclesiástica del pueblo de los anglos* (735), *Continuación de la crónica de Fredegario* (compuesta hacia 736) o, también, la *Crónica de Moissac* (compilada a principios del siglo IX)— exponen a grandes rasgos los avances de las tropas árabes en Galia, los pillajes cometidos o el «castigo» que reciben los árabes en Poitiers. La mejor descripción —si es que se puede llamar así— se lee en una crónica mozárabe (crónica latina compuesta por un autor cristiano de Córdoba, hacia 754) titulada *Epitoma imperatorum* (que en castellano se conoce con el título de *Crónica mozárabe de 754*). En el mundo árabe, son escasas las fuentes contemporáneas o inmediatamente posteriores a la batalla que mencionan el episodio. Sin embargo, podemos citar la *Conquista de Egipto y el norte de África y España*, del historiador egipcio Ibn Abd al-Hakam (mediados del siglo IX). Los otros historiadores pasan por alto esta batalla. Por lo tanto, es especialmente difícil calcular el número de hombres presentes y la mayor parte de los datos de los que disponemos son extremadamente polémicos. No obstante, con toda la prudencia necesaria, se puede asegurar que los francos y los aquitanos eran entre 15 000 y 20 000 (de los que 1000 perecen) y que las tropas omeyas eran entre 20 000 y 25 000 (con 12 000 víctimas, entre las que se encuentra Abderramán al-Gafiqi).

EL CALIFATO OMEYA A LA CONQUISTA DE OCCIDENTE

Un poder que viene de lejos

A principios del siglo VIII, el califato omeya, que está dirigido desde Damasco, representa un imperio desmedido, que extiende sus fronteras desde la India hasta el Atlántico. Desde finales del siglo VII, ha conquistado gran parte de los territorios orientales del Imperio bizantino, ha atacado Constantinopla (la antigua Bizancio y actual Estambul) y se ha apoderado definitivamente del Norte de África con la toma de Cartago en 702, al término de una conquista que ha durado varias décadas. Las tropas del califa, que llegan a Europa por lo que será el futuro Gibraltar, conquistan casi toda la península ibérica frente a unos visigodos (pueblo de origen germánico) que ofrecen poca resistencia y que están divididos. En efecto, desde el siglo anterior, la monarquía visigoda se encuentra en plena decadencia y cada vez más frágil debido a los motines y los complots. La conquista de la península se inicia en la primavera de 711 con varias incursiones de reconocimiento. Debemos destacar la derrota del rey visigodo Roderico (o Rodrigo, muerto en 711) junto al río Guadalete, cerca de Cádiz, frente a 7000 bereberes (población del África septentrional y saharaui) liderados por Tariq ibn Ziyad (jefe bereber, siglo VIII), al servicio de Musa ibn Nusair (640-718), entonces gobernador del Norte de África, que actúa en nombre del califa de Damasco. Esta batalla marca la caída de la monarquía visigoda: la nobleza, sin un líder tras la muerte de Rodrigo en el campo de batalla, se ve diezmada. Rápidamente, las ciudades van cediendo unas tras otras ante el avance omeya: Córdoba, Sevilla, Toledo (capital del reino visigodo), Zaragoza, etc.

¿SABÍAS QUE...?

Entre 660 y 750, la dinastía de los califas omeyas gobierna el imperio conquistado en toda la cuenca mediterránea, con capital en Damasco. La batalla de Poitiers tiene lugar durante el reinado del califa Walid II (691-743), marcado por el apogeo militar del califato.

Para reforzar su control sobre estas nuevas tierras, los árabes utilizan la negociación e imponen el pago de altos tributos. A los gobernadores les basta entre tres y cinco años para culminar la conquista de al-Ándalus (nombre que designa las tierras hispánicas sometidas a la dominación musulmana) y para islamizar el país en nombre el califa. Sin embargo, las conversiones —las primeras tendrán lugar durante el reinado de Walid I (muerto en 715)— no son sistemáticas y la población sigue practicando su religión (judaísmo o cristianismo) a cambio del pago de un impuesto (la *yizia*).

Un estancamiento en la conquista

Aunque de 711 a 756 se suceden a la cabeza de al-Ándalus una veintena de gobernadores que actúan en nombre del califa de Damasco, el vínculo con la capital empieza a relajarse a partir de 725. La lejanía con el poder central, el ascenso de las autonomías en la península, los problemas de reparto del botín, los acuerdos y las alianzas locales con la población autóctona o las revueltas bereberes provocan tantas luchas internas que debilitan el poder central, frenan el ímpetu conquistador hacia el norte e, incluso, impiden cualquier nueva ofensiva que permita la expansión territorial de al-Ándalus.

Una vez que se han instalado en la península, los musulmanes centran su atención más allá de los Pirineos. Entonces, la expansión entra en una nueva fase: en efecto, las tropas del califa penetran en Galia a través de *gazawat* («razias») puntuales. Primero atacan Septimania, tierra visigoda (que se corresponde con el Languedoc mediterráneo y con el Rosellón). En ese momento, muchas ciudades sufren incursiones: Narbona cae en 719, Carcasona en 725. No obstante, los intentos árabes no siempre acaban en triunfo. En 721, el duque Eudes de Aquitania logra romper el asedio establecido ante Tolosa y repeler los ataques del *wali* («gobernador») Al-Samh ibn Malik al-Jawlani (muerto en 721). En esa misma época, en Oriente, las tropas árabes se enfrentan a nuevas dificultades frente al Imperio bizantino y caen ante Constantinopla (718).

A principios de los años 730, el movimiento de conquista se estanca por varias razones:

- el efecto sorpresa inicial se ha disipado;
- muchos combatientes —en particular, los bereberes que viajan con sus familias— ahora quieren sedentarizarse y disfrutar del fruto de su conquista, mientras que la lejanía de los grandes centros del califato y, en concreto, de la capital dificultan la intendencia para un imperio de estas dimensiones;
- para acabar, las tropas árabes llegan a orillas de las regiones con condiciones climáticas parecidas a sus regiones de origen, pero ahora se ven enfrentadas a un clima hostil donde se mezclan frío y humedad, a los que no están acostumbrados.

LA AFIRMACIÓN DE LOS PIPÍNIDAS Y LA INSTAURACIÓN DEL SISTEMA CAROLINGIO

Aprovechando la caída del Imperio romano en 476, Childerico I (c. 458-481/482), jefe germánico a la cabeza de los francos salios, establece un reino desde el valle del Escalda hasta el valle del Somme. Su hijo Clodoveo (465-511) extiende su reino en perjuicio de los romanos hacia el sur y el este (principalmente, alzándose con la famosa victoria de Soissons en 486), de los alamanes (pueblo germánico), repelidos más allá del Rin en 505, de los visigodos (con la victoria de Vouillé, cerca de Poitiers, en 506/507) y de los francos ripuarios (510). El bautismo de Clodoveo a manos del obispo Remi (fecha de nacimiento aproximada, entre 498 y 508) convierte al reino de los francos en el primer reino bárbaro católico. A su vez, sus hijos conquistan el reino de los burgundios (pueblo de origen escandinavo) en 534 y la región de la Provenza en 537. Pero la estabilidad y el poder del reino franco se ven amenazados por los problemas de sucesión (primero con la muerte de Clodoveo en 511 y, después, con el fallecimiento de Clotario I en 561). En efecto, a pesar del supuesto mantenimiento de un poder real único, cada hijo del rey ambiciona una parte del reino. Se acumulan las divisiones y las guerras, lo que produce el nacimiento de tres reinos: Neustria (entre el Sena y el Loira), Austrasia (al noreste) y Burgundia (al sureste). Por su parte, Aquitania, que forma parte del reino franco, se divide en tres. Se convierte en una zona de control difícil, por lo que obtiene rápidamente su autonomía. Otros pueblos más alejados, como los frisones en el Bajo Rin o los vascos en el suroeste de Galia, amenazan las fronteras del reino franco. Entre 570 y 613, neustrianos y austrasios se enfrentan con violencia en una *faida* (una venganza privada) que favorece el ascenso al poder de la aristocracia, que elige al mayordomo del palacio en los distintos reinos. Entre estas familias aristocráticas en pleno auge, destaca la de Pipino de Landen (c. 580-640) — llamado también Pipino el Viejo— que, a partir de 613, toma las riendas como mayordomo del palacio de Austrasia.

---

1. Todas las citas han sido traducidas por 50Minutos.es

190). Se convierte en equivalente de un primer ministro y su poder no deja de crecer, hasta que Pipino el Breve (715-768), hijo de Carlos Martel, sustituye oficialmente al rey en 751.

Crisis sucesoria y rivalidades en el palacio

En 687, el nieto de Pipino el Viejo, Pipino de Heristal (645-714) —o Pipino el Joven—, mayordomo del palacio de Austrasia desde 679, derrota al mayordomo del palacio de Neustria durante la batalla de Tertry. Entonces, toma el título de *princeps Francorum* («príncipe de los francos»). Sin embargo, no aparta al rey merovingio, que mantiene su título a pesar de que no tiene poder. A partir de ese momento, Pipino de Heristal intenta restablecer las antiguas fronteras del reino merovingio: al sur del Loira, su autoridad es inexistente, al igual que en Borgoña. Cuando muere, el 16 de diciembre de 714, estalla una crisis sucesoria: quien debe sucederlo es su nieto Teodoaldo, hijo de Grimoaldo, mayordomo del palacio de Neustrasia, con tan solo seis años, bajo la regencia de su abuela Plectruda (siglos VII-VIII), primera esposa de Pipino de Heristal. Esta, por miedo a verse apartada del poder, en seguida manda apresar a Carlos, otro hijo —esta vez ilegítimo— de Pipino de Heristal para evitar que reclame el título de mayordomo del palacio y expulse a Teodoaldo. No obstante, la presencia de una mujer y de un niño a la cabeza del poder abre una fisura que aprovecharán todos los grandes del reino que quieren liberarse de la fuerte influencia que, hasta entonces, ejercía el mayordomo del palacio. Estalla una revuelta: los grandes de Neustria llevan al mayordomato del palacio a Ragenfrid (fallecido en 731) y expulsan a los leales de la regente. En 715, la muerte del rey merovingio Dagoberto III (699-715) permite que la nobleza neustriana efectúe otro golpe de fuerza: en efecto, el difunto rey no deja más que un hijo, todavía niño, Teodorico (fallecido en 737), al que consiguen apartar. En su lugar se sitúa un clérigo llamado Daniel (hijo de Childerico II), que es coronado bajo el nombre de Chilperico II (670-721). De esta manera, Ragenfrid se alía a los frisones y a los sajones, víctimas del «rodillo austrasio» (Lebecq 1990, 192) e inicia varias expediciones exitosas contra los austrasios y contra Plectruda, de quien termina por obtener en 716 el tesoro del reino neustroburgundio.

Carlos aprovecha la confusión que se genera en ese momento para escapar de la prisión. Suma para su proyecto a los austrasios derrotados y vence a Ragenfrid y a sus hombres en dos ocasiones: la primera en 716, en el río Amblève (cerca de Malmédy), y la segunda en 717, en Vinchy (cerca de Cambrai). Respaldado por sus victorias, Carlos lidera a partir de 719 varias expediciones punitivas contra los pueblos del norte aliados de los neustrianos. Tras haber expulsado a los sajones, inicia la reconquista de una parte de la Frisia cisrenia que su padre había sometido. En ese mismo momento, Ragenfrid se alía con Eudes, duque de Aquitania, cuyas tropas ya han cruzado el Loira y se han unido a los ejércitos neustrasios cerca de París. Entre Senlis y Soissons, en Néry, el 14 de octubre de 719, Carlos acaba con sus dos contrincantes: Ragenfrid se repliega en Angers, donde establece un sólido principado que resistirá hasta el año 731 a la autoridad de Carlos, mientras que Eudes volverá a atravesar el Loira, llevándose consigo a Chilperico II y, sobre todo, el rico tesoro formado por telas preciosas y piezas de orfebrería. Hacia 720-721, Carlos propone la paz a Eudes de Aquitania a cambio del rey y del botín. Por su parte, acepta reconocer su título de *princeps Aquitaniae* («príncipe de Aquitania») y, para asegurarse el apoyo de los neustrianos, incluso reconoce a Chilperico II como *rex Francorum* («rey de los francos»). Cuando este último muere en 723, Carlos sitúa en el trono al hijo de Dagoberto III, Teodorico —a partir de ese momento, Teodorico IV—, que había sido apartado, con lo que se asegura tener las manos libres. Por consiguiente, en Neustria hay un rey títere a las órdenes de un mayordomo del palacio austrasio todopoderoso.

Nepotismo y defensa de la cristiandad: las bases del sistema carolingio

Dado que los reinos se van desmembrando, un poder emergente se encarga de la seguridad: la aristocracia. Para garantizar su poder, los grandes instauran un sistema de protección en el que guerreros domésticos se unen a ellos a cambio de una recomendación. Este nuevo nepotismo deja entrever las premisas de un esquema social —el vasallaje— que se reafirmará con los carolingios (dinastía que sucede a los merovingios) y en el que se apoya Carlos Martel, con una red muy densa, para reforzar su posición a la cabeza de Austrasia.

En estos tiempos de crisis general, la Iglesia también intenta enfrentarse a los distintos peligros que vienen tanto del interior como del exterior. Entonces, los hombres de la Iglesia se involucran en política, buscan obtener privilegios y acaban perdiendo de esta manera cualquier influencia religiosa real.

Frente a la reaparición del paganismo y al avance del islam, frente a la politización del clero secular, se encuentran respuestas en los monasterios, únicas entidades que muestran un auténtico dinamismo religioso y cultural. Carlos Martel, que promueve las misiones de evangelización, ofrece su protección a Bonifacio (cuyo verdadero nombre es Winfrid, nacido hacia 675 y martirizado en 754), un monje de origen anglosajón que se encarga de la evangelización de Germania y que, por designación del papa Gregorio III (muerto en 741), se convierte en obispo (722) y, más adelante, en obispo de Fulda (732). Bonifacio, que desempeña un papel fundamental como intermediario en el establecimiento de nuevas relaciones entre el papado y el rey de los francos, llega a ser un aliado destacado para servir a las ambiciones de Carlos Martel, que sueña con proclamarse «campeón y defensor» del cristianismo frente al peligro creciente encarnado por el islam. Su objetivo es reunir a los distintos pueblos periféricos (los de Hesse, Turingia y Baviera, sobre todo) en torno al reino de los francos gracias a una política sostenida de cristianización. Entonces, la evangelización adquiere el estatus de «verdadera empresa pública» (Rouche 1990, 50), lo que convierte a la nueva persona que ostenta el poder temporal en el primer aliado de lo espiritual. Esta alianza constituye el segundo pilar sobre el que la dinastía carolingia va a imponer su autoridad en Europa.

Por lo tanto, el avance del islam en Septimania ofrece a Carlos Martel una excusa ideal para intervenir en Aquitania. Cabe imaginar que el duque Eudes de Aquitania se encuentra en el momento más dulce de su reinado tras su victoria sobre las tropas del *wali* Al-Samh ibn Malik al-Jawlani en

Tolosa en 721, pero lo cierto es que Aquitania, para prevenir un nuevo ataque musulmán, firma una alianza con el jefe bereber Munusa, dueño de Cerdaña (región de los Pirineos orientales), que ha iniciado una revuelta contra el nuevo *wali* Abderramán. Ese es el momento que aprovecha Carlos Martel para denunciar la alianza de los aquitanos con los infieles y, en 731, lanza una campaña en el sur del Loira con un doble objetivo: en juego está un rico botín y, sobre todo, la dominación del suroeste que, hasta entonces, se le resiste. Así, cuando un año más tarde Eudes de Aquitania le pide que se sume a su bando para luchar contra las incursiones que efectúan las tropas árabo-bereberes, Carlos Martel no se lo piensa dos veces.

CARLOS MARTEL, MAYORDOMO DEL PALACIO Y PRÍNCIPE DE LOS FRANCOS

Carlos Martel, escultura de Jean-Baptiste Joseph Debay (1802-1862) conservada en la galería del castillo de Versalles.

Hijo del mayordomo del palacio Pipino de Heristal y de una esposa de segundo rango, Alpaide, Carlos logra obtener la herencia de su padre gracias al apoyo de la aristocracia austrasiana contra los neustrianos, los frisones, los alamanes y los burgundios, y se convierte a su vez en mayordomo del palacio. A partir de 720-721, su poder se reafirma hasta el punto de que, cuando muere el rey merovingio Teodorico IV en 737, no nombrará a ningún sucesor. A partir del siglo IX, los cronistas lo apodarán Martellus («martillo») para recalcar la eficacia con la que ha sabido imponer su poder y colocarse como jefe a la cabeza de los francos. La victoria de 732 contra los árabes le permite implantar la supremacía franca sobre una Aquitania rebelde. Respaldado por este éxito, somete en 736 y 739 a Septimania y a la Provenza gracias a Liutprando (fallecido en 744), rey de los lombardos. Muere el 22 de octubre de 741 y es sepultado en Saint Denis, junto a los reyes merovingios.

EUDES, DUQUE DE AQUITANIA

Cuando Eudes toma las riendas de Aquitania, el ducado se extiende desde los Pirineos hasta el Loira. Entre 687 y 715, logra que caiga bajo dominación aquitana el Nivernés (territorio que se corresponde casi con el departamento del Nièvre actual), el Vivarés (región de Ardèche) y una parte de la Provenza, que toma a los reyes de Neustria y de Austrasia. A continuación, se alía con los grandes de Neustria para enfrentarse a Carlos Martel, cuyo poder no deja de reafirmarse. Pero esta alianza no dura y, hacia 720, Eudes se ve obligado a acercarse a Carlos Martel, con quien concluye un tratado de paz: le entrega a Chilperico, rey de Neustria, y renuncia a continuar su lucha contra Carlos Martel. Derrota a Al-Samh ibn Malik al-Jawlani en 721 ante Tolosa, pero no logra contener todos los movimientos de las tropas árabes, que toman Nimes y Carcasona cuatro años más tarde. En 731, se alía con el jefe bereber Munusa, a la cabeza de Cerdaña, a quien entrega a su hija en matrimonio. Pero Munusa es asesinado durante la expedición punitiva contra la fortaleza de al-Bab (probablemente, Puigcerdá) en 731 por los hombres del *wali* Abderramán al-Gafiqi. Cuando los omeyas lanzan una nueva ofensiva hacia el norte, saquean Aquitania y Burdeos, lo que obliga a Eudes de Aquitania a pedir auxilio a Carlos Martel. Tras la victoria franca en Poitiers, Eudes reconoce la autoridad de Carlos Martel. Muere en 735.

ABDERRAMÁN AL-GAFIQI, GOBERNADOR DE CÓRDOBA

Abderramán al-Gafiqi participa en la conquista de al-Ándalus a partir de 711. Tras la derrota de las tropas árabo-bereberes frente a Tolosa en 721, el *wali* de Córdoba lo elige para conducir las tropas más allá de los Pirineos. Diez años más tarde, se convierte a su vez en gobernador y aplaca la rebelión de Munusa, jefe bereber que se ha aliado con el duque de Aquitania. Junto a sus hombres, se alza con la victoria en Burdeos, pero Carlos Martel y su ejército lo frenan en su camino hacia Tours. Muere en el campo de batalla el 25 de octubre de 732.

ANÁLISIS DE LA BATALLA

LAS CAUSAS DE LA BATALLA

Aquitania, que recibe el ataque por el sur del ejército omeya, se enfrenta a nuevas dificultades cuando las tropas árabo-bereberes cruzan los Pirineos. En 721, el *wali* Al-Samh ibn Malik al-Jawlani asedia Tolosa, pero Eudes de Aquitania logra repeler el ataque y matar al gobernador.

Cabe destacar que, aunque el duque de Aquitania teme los ataques que vienen de los Pirineos, también sigue desconfiando de Carlos Martel, que tiene los ojos puestos en su territorio. Así, en 731 se alía con un jefe bereber, Munusa, con unos fuertes deseos de independencia, a quien le concede la mano de su hija Lampegia como garantía de ese nuevo pacto. Munusa, rebelde, se niega a obedecer las órdenes que ha dado Abderramán al-Gafiqi de atacar a los cristianos del sur de Galia y ve cómo las tropas del gobernador se abalanzan sobre él. Muere durante el enfrentamiento en la fortaleza de al-Bab. Es decapitado y su cabeza es enviada a Damasco como trofeo, símbolo de una rebelión sofocada. A su mujer se la destina al harén del califa.

En 732, en vez de atacar Tolosa, que en la mente de todos aparece marcada con el símbolo de la derrota, el nuevo gobernador Abderramán al-Gafiqi prefiere atacar por el oeste. Sus objetivos son Tours y el riquísimo santuario de San Martín. Aplasta a Eudes de Aquitania junto a Burdeos, saquea y devasta los arrabales de la ciudad e inicia su subida hacia Tours.

EL TRANSCURSO DE LA BATALLA

Tal y como hemos señalado anteriormente, pocas fuentes presentan con precisión lo que pasó en la campiña de Poitiers en un día de otoño de 732. Aunque los historiadores ahora ya se ponen de acuerdo sobre la fecha, todavía queda un gran interrogante: las fuerzas presentes.

La *Crónica de Moissac*, compilada hacia 818 —cuyo texto se basa en documentos más antiguos del periodo 717-776—, relata la llamada a la guerra santa que lanza el gobernador Abderramán al-Gafiqi en 731 en Pamplona (Navarra). Así, reúne a casi 20 000 hombres que vienen de Oriente y de Berbería. Estos, que pasan por Roncesvalles, saquean Aquitania sin encontrar resistencia, llegan hasta Burdeos y toman Angulema, Périgueux y Saintes. A partir de ahí, las tropas árabo-bereberes solo tienen un objetivo: alcanzar el Loira para saquear San Martín de Tours y tomar sus reliquias y su riquísimo tesoro, compuesto de telas preciosas y de piezas de orfebrería, que los peregrinos han depositado junto al santuario. Eudes, el duque de Aquitania, implora a Carlos Martel, «príncipe de los francos», que lo ayude. La *Crónica* habla en este punto del «numeroso ejército» que este último logra reunir, de la derrota de los sarracenos que «huyen y se reparten por España» (Pertz 1938, 245). Otro texto —que, generalmente, se conoce como *Continuación de la crónica de Fredegario*, redactado a partir de 736 por orden de Childebrando, hermano de Carlos Martel, que también participa en el acontecimiento— relata el episodio de la batalla de la siguiente manera:

> «Los sarracenos salen de sus casas con su rey, llamado Abderramán, cruzan el Garona, llegan hasta Burdeos; después, reducen a cenizas las iglesias y masacran a la población, y avanzan hasta Poitiers; tras haber incendiado la basílica de San Hilario, deciden arruinar completamente San Martín [de Tours]. Junto a sus tropas, el príncipe Carlos les presenta batalla con valentía (ib., 244).

Así, los dos textos se ponen de acuerdo sobre el objetivo

que persiguen las tropas de Abderramán al-Gafiqi: alcanzar el santuario de San Martín de Tours. Pero no contaban con la intervención de Carlos Martel y de sus hombres en los campos de Poitiers. Tras una semana de escaramuzas, el 25 de octubre de 732 se produce el enfrentamiento final: Abderramán al-Gafiqi manda sus tropas a caballo sobre los hombres de Carlos Martel, pero sus soldados se encuentran con una auténtica muralla humana formada por francos, que apuntan al enemigo con sus lanzas o van armados con espadas (los más ricos).

La batalla de Poitiers, cuadro de Charles Steuben.

Gracias a la «solidez de una formación defensiva bien organizada» (Guichard, 2011), los francos se alzan con la victoria. Las tropas árabo-bereberes intentan entonces replegarse y son atacadas por la retaguardia por los soldados del duque de Aquitania. Abderramán al-Gafiqi cae y muere en el campo de batalla. El 26 de octubre, mientras que los francos se preparan para presentar batalla de nuevo, descubren que las tiendas del campamento árabe están vacías: sus enemigos que, sin duda, se encuentran desamparados al no tener ya un líder, han huido con la única consigna de volver a sus tierras.

REPERCUSIONES

CONSECUENCIAS INMEDIATAS

Como hemos visto, la batalla de Poitiers se inscribe, por una parte, en el marco de una conquista omeya moribunda y, por otra, en el proceso de reafirmación del poder franco. Aunque desde un punto de vista historiográfico se ha exagerado su importancia durante mucho tiempo, cabe destacar que el enfrentamiento de 732 representa un duro golpe para las tropas que vienen de España, al igual que marca una etapa importante para la consolidación de los pipínidas —futuros carolingios—. Es cierto que frena en seco las incursiones musulmanas en Galia, pero en ningún caso pone punto final a la presencia musulmana al norte de los Pirineos, ya que las tropas omeyas conservan Narbona hasta 759 y las incursiones siguen produciéndose durante cerca de un siglo.

Realmente, hasta ese momento, las tropas del califato omeya apenas habían encontrado resistencia en su avance. En efecto, la conquista de la península ibérica se había hecho sin mayor dificultad y las primeras incursiones en Galia se habían saldado con una victoria en la mayoría de los casos. No obstante, el auge —o, más bien, la recuperación— de los nuevos Estados, entre los que figuraba el de los francos bajo la autoridad de Carlos Martel, modificó la situación, ya que provocó auténticos quebraderos de cabeza a los que el califato no estaba en condiciones de responder. Antaño, estaban más interesados por el botín que por una sedentarización real. Pero cuando renuncian a implantarse más allá de los Pirineos —inmediatamente después de la batalla de Poitiers en 732—, entre los gobernantes de la península se plantean las preguntas de sedentarización y de organización. La lejanía del poder central y las revueltas que surgen por todo el califato a partir de 720 causarán la caída de los Omeya en 750 y la aparición de un nuevo emirato ibérico independiente con Córdoba como epicentro.

Del lado de los francos, la batalla de Poitiers permite que Carlos Martel restaure la autoridad franca sobre todo el reino merovingio decadente, tome el control de Aquitania, la región que tanto ambiciona, y prosiga su política de reconquista del reino merovingio: Borgoña y Lyon se someten al año siguiente, mientras que la Provenza intenta resistir aliándose con los árabes, lo que brinda la excusa perfecta a Carlos Martel para intervenir en el sur de Galia. Pero además del aspecto territorial, Carlos Martel alimenta la idea de alzarse a la cabeza del mundo cristiano y, para ello, quiere erigirse como ferviente defensor de Cristo y de su Iglesia, atribuyéndose la misión de restablecer la preponderancia del cristianismo en Occidente. Así, en cierta manera, Poitiers consagra a Carlos Martel y a su descendencia como nuevos protectores de la fe, lo que legitima un poder que usurpan a los últimos merovingios.

LA CONSTRUCCIÓN DE UN SÍMBOLO

«Esta batalla no tiene la importancia que se le atribuye. [...] Marca el final de una incursión, pero en realidad no frena nada. Si Carlos Martel hubiese sido derrotado, lo único que habría ocurrido es que el saqueo habría sido mayor» (Pirenne

1937). La batalla de Poitiers, enfrentamiento decisivo o, simplemente, «contraincursión», como la consideraba el historiador belga Henri Pirenne (1862-1935), ha hecho correr ríos de tinta desde hace siglos. Los cronistas contemporáneos de la época o inmediatamente posteriores nos ofrecen un testimonio de la huella que deja en la sociedad de aquel momento: Carlos Martel aparece descrito en la *Continuación de la crónica de Fredegario* como un «guerrero valiente», que actúa «con ayuda de Cristo» y que «vence al enemigo». Por su parte, Beda el Venerable habla del «castigo de Dios». Por el contrario, los cronistas árabes medievales evocarán la batalla del Balat al-Shuhada («el paseo de los mártires»). Se trata de una recuperación ideológica religiosa, pero no únicamente si atendemos al historiador francés Pierre Guichard (nacido en 1939). En efecto, destaca el uso que el cronista anónimo de Córdoba hace del término *Europenses* («europeos») para describir a los francos, recalcando que el autor —y, sin duda, sus contemporáneos— es «consciente (¿hasta qué punto?) de lo que está en juego "geopolíticamente" con este conflicto» (Guichard 2011).

Sin embargo, cabe destacar que la figura heroica de Carlos Martel se desvanece rápidamente en favor de la de su nieto Carlomagno (rey de los francos y emperador, 742/747-814) y que la construcción del mito en torno a la batalla de Poitiers y de su vencedor no se iniciará realmente hasta el momento en el que reaparezca la amenaza musulmana: primero en la época de las cruzadas (del siglo XI al XIII) y después con la caída de Constantinopla, que se rinde ante el Imperio otomano en 1453. El enfrentamiento de Poitiers, que transmite un patriotismo emergente en el siglo XIX, se convierte en un símbolo de primer orden, hasta caer en la exageración. Chateaubriand (escritor y hombre político francés, 1768-1848), retoma las palabras de Voltaire (escritor francés, 1694-1778) unas décadas antes y estigmatiza el alcance de la batalla: «Los sarracenos habían atravesado ya España, habían cruzado los Pirineos y habían inundado Francia hasta el Loira. Carlos Martel los aplasta entre Tours y Poitiers y mata a más de 300 000 hombres (732). Es uno de los mayores acontecimientos de la historia: si los sarracenos hubiesen ganado, el mundo sería mahometano» (Chateaubriand 1831, 14). En ese mismo siglo XIX, el episodio se recupera y se presenta —y se enseña en la escuela de la República francesa— como uno de los momentos clave de la construcción nacional.

Todavía hoy en día, el debate historiográfico se sitúa en torno al símbolo y al imaginario que sigue surgiendo y que representa la batalla de Poitiers. No obstante, es obligatorio terminar con las palabras de medievalistas de renombre, Philippe Sénac y Françoise Michaud: «Se han alzado muchas voces para intentar poner la batalla de Poitiers en su lugar apropiado. Ha sido en vano, ya que el acontecimiento se ha erigido como un símbolo y ha pasado a la posteridad junto a su héroe, Carlos Martel. Pertenece a ese fondo ideológico común sobre el que reposa la nación francesa, la civilización cristiana, la identidad europea, utilizando como decorado el choque de civilizaciones y la exclusión del otro» (Michaud y Sénac 2006, 15).

EN RESUMEN

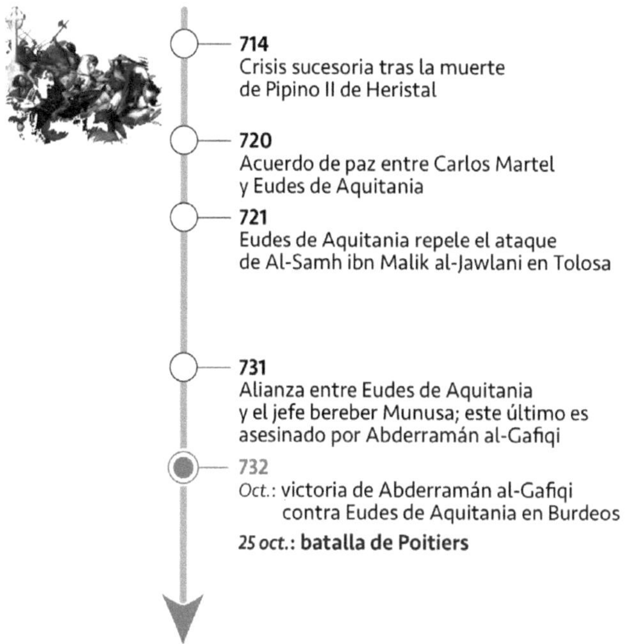

714
Crisis sucesoria tras la muerte
de Pipino II de Heristal

720
Acuerdo de paz entre Carlos Martel
y Eudes de Aquitania

721
Eudes de Aquitania repele el ataque
de Al-Samh ibn Malik al-Jawlani en Tolosa

731
Alianza entre Eudes de Aquitania
y el jefe bereber Munusa; este último es
asesinado por Abderramán al-Gafiqi

732
Oct.: victoria de Abderramán al-Gafiqi
contra Eudes de Aquitania en Burdeos

25 oct.: **batalla de Poitiers**

- Durante los años 710, el territorio al-Ándalus es conquistado por las tropas omeyas.

- En 714, la muerte de Pipino II de Heristal genera una importante crisis sucesoria. Su hijo ilegítimo Carlos, que más tarde se convertirá en Carlos Martel, intenta imponerse.

- Los años 716-719 se ven marcados por numerosas batallas (Amblève, Vinchy, Néry) durante las que Carlos logra imponerse frente al mayordomo del palacio neustriano, Ragenfrid, que en ese momento se ha aliado al duque de Aquitania, Eudes.

- Poco a poco, varias ciudades de Septimania ceden frente a las incursiones omeyas —salvo Tolosa, donde el duque de Aquitania, Eudes, frena los asaltos del gobernador de Córdoba, Abderramán al-Gafiqi, en 721—.
- Entre 720 y 721, a Eudes no le queda más opción que firmar la paz con su contrincante, Carlos.
- Diez años más tarde, Eudes de Aquitania se alía con el jefe bereber de Cerdaña, Munusa. Por consiguiente, Carlos considera que el pacto de 720-721 está roto y decide someter a Aquitania. Por otra parte, los hombres del *wali* Abderramán al-Gafiqi lanzan una expedición punitiva contra Munusa. Al-Gafiqi, desde Pamplona, llama a la guerra santa, cruza los Pirineos con 20 000 hombres e inicia una nueva ola de incursiones en Galia.
- En 732, Aquitania sufre saqueos y las tropas árabes se dirigen al norte, con el objetivo de tomar San Martín de Tours. Eudes de Aquitania, impotente, pide la ayuda de Carlos.
- El 25 de octubre tiene lugar el enfrentamiento entre los francos y las tropas de Abderramán al-Gafiqi, entre Poitiers y Châtellerault. Los aquitanos atacan la retaguardia de las tropas árabes y el *wali* muere en el campo de batalla. Al día siguiente, los francos se encuentran con el campamento enemigo vacío.
- La batalla de Poitiers, que es una respuesta defensiva franca a una incursión orquestada por las tropas omeyas, santifica la reafirmación de la supremacía de los futuros carolingios frente a otros poderes francos. Se trata de

un duro golpe para las tropas árabes, ya que simboliza el declive de un imperio que en un siglo había logrado dominar todo el Mediterráneo. Este enfrentamiento de 732, que antiguamente se había elevado al nivel de mito, sigue siendo en la actualidad un símbolo histórico, centro de muchas polémicas.

PARA IR MÁS ALLÁ

FUENTES BIBLIOGRÁFICAS

- Anónimo de Córdoba. 1985. *Chronique rimée des derniers rois de Tolède et de la conquête d'Espagne par les arabes.* Editado y comentado por J. Tailhan. París: E. Leroux.
- Balard, Michel, Jean-Philippe Genet y Michel Rouche. 1990. *Le Moyen Âge en Occident.* París: Armand Colin.
- Carpentier, Élisabeth. 2000. *Les batailles de Poitiers. Charles Martel et les arabes.* S.l.: Geste Éditions.
- Gauvard, Claude, Alain de Libera y Michel Zink. 2000. *Dictionnaire du Moyen Âge.* París: PUF.
- Géal, François. 2006. *Regards sur al-Andalus VIIIe-XVe siècle.* Madrid: Casa de Velázquez. París: Éditions rue d'Ulm.
- Gerbet, Marie-Claude. 1992. *L'Espagne au Moyen Âge. VIIIe-XVe siècle.* París: Armand Colin.
- Guichard, Pierre. 2011. *Al-Andalus. 711-1492. Une histoire de l'Espagne musulmane.* París: Fayard.
- Laurens, Henry, John Tolan y Gilles Veinstein. 2009. *L'Europe et l'Islam: quinze siècles d'histoire.* París: Odile Jacob.
- Lebecq, Stéphane. 1990. *Nouvelle histoire de la France médievale. Les origines franques (V^e-IXe siècles).* París: Seuil.
- Levillain, Léon y Charles Samaran. 1938. "Sur le lieu et la date de la bataille dite de Poitiers de 732". *Bibliothèque de l'école de Chartes*, vol. 99, n.o 99, 243-267.
- Michaud, Françoise y Philippe Sénac. 2006. "La bataille de Poitiers, de la réalité au mythe". En *Histoire de l'islam*

et des musulmans en France du Moyen Âge à nos jours.
Dirigido por Mohammed Arkoun. París: Albin Michel.

- Pirenne, Henri. 1937. *Mahomet et Charlemagne*. París: Alcan.
- Rouche, Michel. 1979. *L'Aquitaine des wisigoths aux arabes, 418-781. Naissance d'une région*. París: École des Hautes Études en Sciences Sociales — Jean Touzot.
- Rouche, Michel. 1990. *Le Moyen Âge en Occident*. París: Armand Colin.
- Rucquoi, Adeline. 1993. *Histoire médiévale de la Péninsule ibérique*. París: Seuil.
- Sénac, Philippe. 2011. *Le monde musulman: des origines au Xe siècle*. París: Armand Colin.
- Touati, François-Olivier. 2000. *Vocabulaire historique du Moyen Âge (Occident, Byzance, Islam)*. París: La Boutique de l'Histoire éditions.

FUENTES ICONOGRÁFICAS

- Carlos Martel, escultura de Jean-Baptiste Joseph Debay (1802-1862) conservada en la galería del castillo de Versalles.
- *La batalla de Poitiers*, cuadro de Charles Steuben.

ICONOGRAFÍA

- Existen pocas representaciones iconográficas de la batalla de 732. Los pintores, desde las iluminaciones de manuscritos medievales hasta las obras monumentales (como la de Delacroix en 1829) han preferido a menudo la batalla de Poitiers de 1356. Aun así, se ha podido identificar el cuadro titulado *Bataille de Poitiers en octobre de 732*, que pinta entre 1834 y 1837 Charles de Steuben (pintor francés, 1788-1856), que se conserva en la galería de las Batallas del castillo de Versalles (Francia).

MUSEO

• Museo de Moussais-la-Bataille, Francia.